KB089321

Day 3

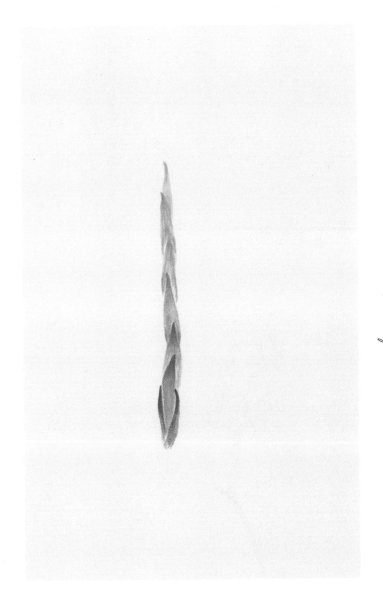

Drawing

Day 4

Day 5

Day 6

Day 7

Drawings

Day 8

Day 9

Drawings

Day 10

365

Day 11

Drawing

Day 12

Day 13

Day 14

Day 23

Day 24

Day 25

Drawings

Day 26

Day 27

Day 28

Drawings

Day 30

Drawing

Day 32

Drawings

Day 34

Day 43

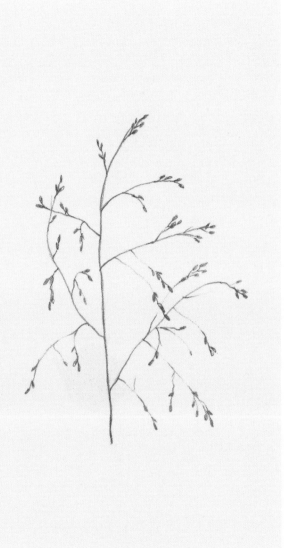

Drawings

Day 44

Day 45

Day 46

Drawings

Day 48

Day 49

Drawings

Day 50

Day 51

Drawings

Day 52

Day 53

Day 54

Day 63

Drawings

Day 64

Day 65

Drawing

Day 66

Day 67

Drawings

Day 68

Day 70

365

Day 71

Day 72

Drawing

Day 74

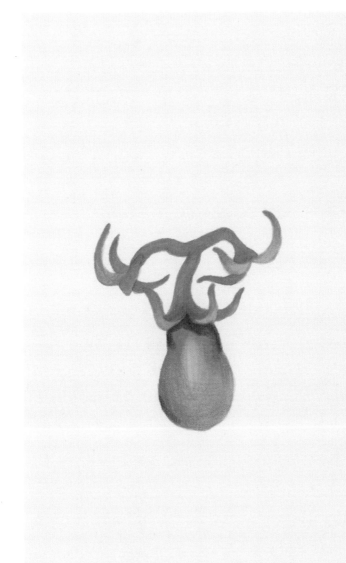

Day 84

Day 85

Drawings

Day 86

Day 87

Drawings

Day 88

Day 89

Drawing

Day 90

Day 91

Drawing

Day 92

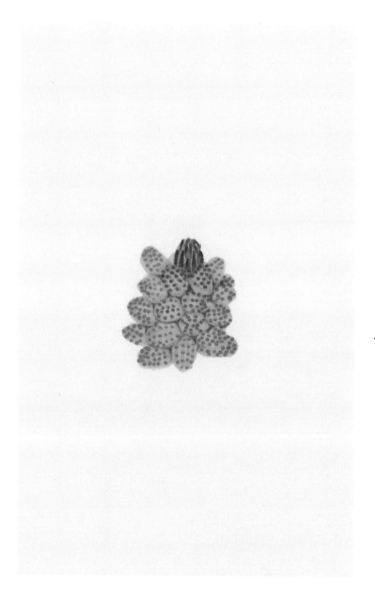

Day 94

Day 103

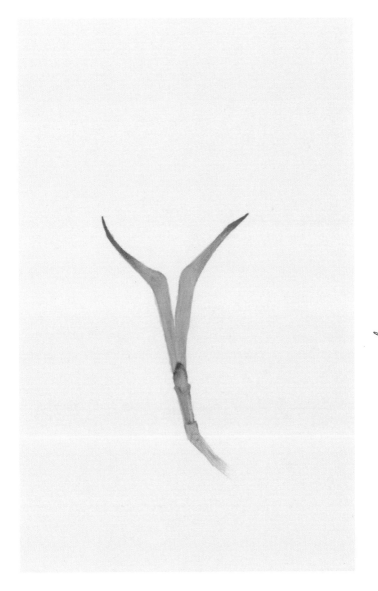

Drawings

Day 104

Day 105

Drawing

Day 106

Day 108

Day 109

Drawings

Day 110

Day 111

Drawings

Day 112

Day 113

Drawing

Day 114

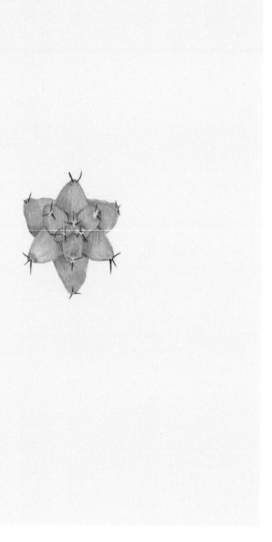

Day 123

Drawings

Day 124

Day 125

Drawings

Day 126

Day 127

Drawing

Day 128

Day 129

Drawing

Day 130

Day 131

Drawings

Day 132

Day 133

Drawings

Day 134

Day 143

Drawings

Day 144

Day 145

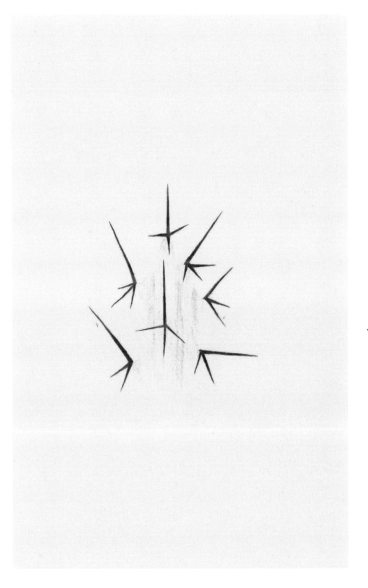

Day 146

Day 147

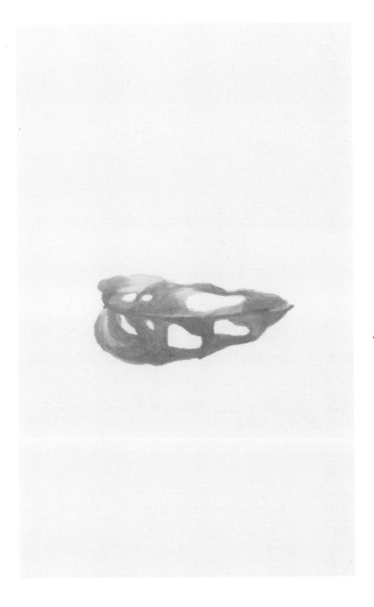

Drawing

Day 148

Day 149

Drawings

Day 150

Day 151

Drawing

Day 152

Day 153

Day 154

Day 163

Drawing

Day 164

Day 165

Drawings

Day 166

Day 167

Drawings

Day 168

Day 170

Day 171

Day 172

Day 173

Drawings

Day 174

Day 183

Drawing

Day 184

Day 185

Drawings

Day 186

Day 187

Drawings

Day 188

Day 189

Drawings

Day 190

Day 191

Drawings

Day 192

Day 193

Drawings

Day 194

Drawing

Day 204

Day 205

Drawing

Day 206

Day 207

Day 208

Day 209

Drawings

Day 210

Day 211

Day 212

Day 213

Day 214

365

Day 223

Drawings

Day 224

Day 225

Drawing

Day 226

Day 227

Drawings

Day 228

Day 229

Drawings

Day 230

Day 231

Drawings

Day 232

Drawings

Day 234

Day 243

Drawings

Day 244

Drawings

Day 246

Drawings

Day 248

Day 249

Drawings

Day 250

Day 251

Drawings

Day 252

Day 253

Drawings

Day 254

Day 263

Drawings

Day 264

Day 265

Drawings

Day 266

Day 267

Day 268

Day 270

Day 271

Drawings

Day 272

Day 273

Drawing

Day 274

Day 283

Drawings

Day 284

Day 285

Day 286

365

Day 287

Drawing

Day 288

Day 289

Drawings

Day 290

365

Drawing

Day 292

Day 293

Drawings

Day 294

Day 303

Drawings

Day 304

Day 305

Drawings

Day 306

Day 307

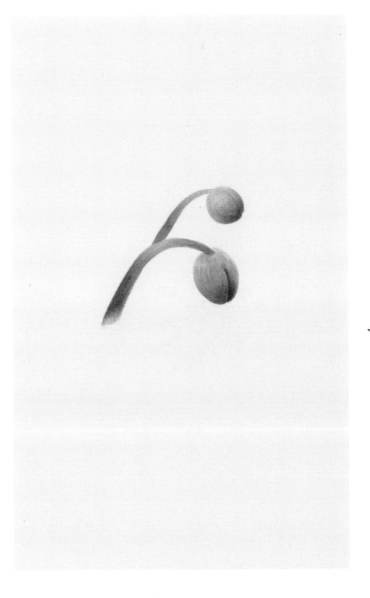

Drawing

Day 308

Drawings

Day 310

Day 311

Drawing

Day 312

Day 313

Drawings

Day 314

Day 323

Drawings

Day 324

Day 325

Day 326

Day 327

Drawings

Day 328

Day 329

Drawings

Day 330

Day 331

Drawing

Day 332

$$\begin{pmatrix} 3 \\ 6 \\ 5 \end{pmatrix}$$

Day 333

Drawings

Day 334

Day 343

Day 344

365

Day 345

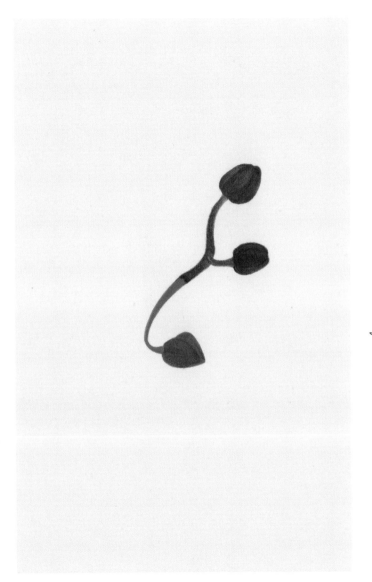

Drawings

Day 346

Day 347

Drawings

Day 348

Day 349

Drawings

Day 350

$\begin{pmatrix} 3 \\ 6 \\ 5 \end{pmatrix}$

Day 351

Day 352

Day 353

Drawings

Day 354

Day 363

Drawing

Day364

Day 365

$$\boxed{\begin{array}{c} 3 \\ 6 \\ 5 \end{array}}$$

Drawings

365 drawings : Flora Portrait

초판 1쇄 발행 2022년 08월 11일

글·그림 Hye Soon Hwang
디자인 이용혁(오컴스&찰리파커)

펴낸이 박현민
펴낸곳 우주북스
등록 2019년 1월 25일 제2020-000093호
주소 (04735) 서울시 성동구 독서당로 228, 2층 좌측
전화 02-6085-2020
팩스 0505-115-0083
이메일 gato@woozoobooks.com
인스타그램 /woozoobooks
홈페이지 woozoobooks.com

ISBN 979-11-976863-0-6 (03650)

후원:

본 도서는 인천광역시와 (재)인천문화재단의 후원을 받아 '2022 인천문화재단 문화예술지원사업'으로
선정되어 발간되었습니다.